AF243237

MOYEN DE PAYER

DE SUITE

LES

CINQ MILLIARDS

AUX ALLEMANDS

ET D'INDEMNISER IMMÉDIATEMENT LES

VICTIMES DE LA GUERRE

ET DE L'INVASION

Par Paul VÉRET, de Roye (Somme)

AMIENS

TYPOGRAPHIE OSCAR SOREL

Rue du Lycée, 73.

—

1878

MOYEN DE PAYER

DE SUITE

LES

CINQ MILLIARDS

AUX ALLEMANDS

ET D'INDEMNISER IMMÉDIATEMENT LES

VICTIMES DE LA GUERRE

ET DE L'INVASION

Par Paul VÉRET, de Roye (Somme)

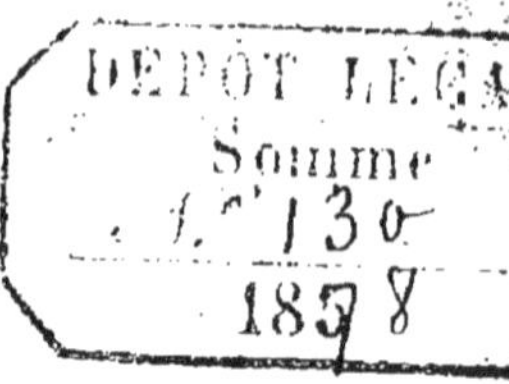

AMIENS

TYPOGRAPHIE OSCAR SOREL

Rue du Lycée, 73.

1878

MOYEN DE PAYER

DE SUITE

LES CINQ MILLIARDS

AUX ALLEMANDS

ET D'INDEMNISER IMMÉDIATEMENT LES

VICTIMES DE LA GUERRE ET DE L'INVASION

Bilan approximatif de la France :

Actif,

Valeurs territoriales et immobilières	100 milliards.
Espèces métalliques.	5 id

Ensemble . . . 105 milliards.

Passif,

Dettes de l'Etat	17 milliards.	
Dettes hypothécaires des particuliers.	12	id.
Indemnité aux Allemands . .	5	id.
Indemnité aux victimes de la guerre et de l'invasion. . .	5	id.

39 milliards.

Reste . . . 66 milliards.

La dette de l'Etat qui est de dix-sept milliards, n'effraye pas le gouvernement, puisqu'il sait qu'avec notre organisation financière actuelle, il y a impossibilité complète d'en opérer jamais le remboursement.

La dette hypothécaire des particuliers ne doit pas l'effrayer davantage, la propriété étant le gage des prêteurs.

Mais ce qui doit l'embarrasser et l'effrayer, c'est le paiement, en numéraire, des cinq milliards aux Allemands, et l'indemnité pressante à distribuer aux victimes de la guerre et de l'invasion.

Si le bilan ci-dessus, énoncé dans bon nombre de journaux, est exact, il ne faut pas être bien perspicace pour voir que la France ne doit pas et ne peut pas payer cette dette aux Allemands en numéraire ; car, pour y parvenir, il faudrait épuiser tout l'or et tout l'argent qui existent dans toutes les bourses et dans toutes les caisses du pays ; et cette mesure, en ôtant au pays ses moyens d'action, déjà insuffisants, suspendrait le travail, frapperait de paralysie l'agriculture, l'industrie et le commerce, éléments de la prospérité nationale, et diminuerait forcément la production, qui est aujourd'hui la seule porte par laquelle on puisse sauver le pays.

Cependant, deux de nos plus belles provinces nous ont été ravies et plusieurs de nos départements sont encore occupés par les troupes allemandes. Toute la nation française doit donc chercher le moyen de les délivrer au plus vite ; pour cela il faut payer, et comment faire ?

Nous avons dit plus haut qu'on ne doit et qu'on ne peut toucher à notre capital en numéraire sans s'exposer à une perturbation générale qui serait pour le pays plus désastreuse que la guerre et l'invasion. En effet, ce capital était déjà, avant la guerre, de beaucoup insuffisant aux besoins toujours croissants de l'agriculture, de l'industrie et du commerce, puisque, par le défaut de numéraire, les affaires se 'raitaient et se réglaient, comme aujourd'hui, à deux, trois, quatre, six mois et même un an de terme, et que, sous le dernier gouvernement, époque où la prospérité était, disait-on alors, partout, deux établissements de crédit furent créés (*le Crédit foncier et le Crédit mobilier*), afin de faciliter la mobilisation du sol et de ses produits.

Ces deux établissements, fonctionnant à l'instar des Monts-de-Piété établis depuis longtemps pour les ouvriers et dont tous les rouages tendent à distribuer de très-gros dividendes aux actionnaires, n'ont pas donné aux emprunteurs les résultats qu'on avait promis : le plus grand nombre de ceux qui ont eu recours au Crédit mobilier ont été ruinés, et, grâce au fonctionnement du Crédit foncier, le sol français est hypothéqué, à l'heure qu'il est, de 12 à 13 milliards, de 4 milliards qu'il était avant sa création !

Ainsi, cette grande prétendue prospérité de l'Empire n'était au contraire, que ruines sur ruines, puisque la dette de l'Etat et la dette hypothécaire des particuliers ont augmenté dans des proportions effrayantes ! Mais notre rôle n'étant pas celui de délateur, passons l'éponge sur les erreurs du passé et créons au plus vite d'autres moyens de crédit qui vivifient le pays au lieu de le ruiner.

On y parviendra d'une manière certaine par la mobilisation du sol ; cette mobilisation permettra de payer immédiatement les Allemands, et, de plus, de faire face aux projets les plus grandioses. Ce système financier, mis en pratique, sera, nous en sommes convaincu, d'un grand secours au gouvernement : il lui permettra de sortir de la plus critique des positions et, en un mot, d'empêcher la France de sombrer.

Le voici :

Dans un pays qui possède 100 milliards de terres et d'immeubles bâtis, mais dont les moyens d'action, d'environ cinq milliards, sont de beaucoup insuffisants pour satisfaire aux besoins, à qui doit-on s'adresser pour en créer de nouveaux ?

Est-ce à ceux qui possèdent, ou est-ce à ceux qui ne possèdent point ?

Evidemment, ceux qui possèdent sont les seuls qui doivent supporter les impôts nouveaux, comme ils sont aussi les seuls qui peuvent créer des moyens d'action solide.

Ceci reconnu et admis, le chef de l'Etat proposera au pays la mobilisation du sol pour 10 p. 100 (soit 10 milliards).

Sur ces 10 milliards, 5 milliards seront prélevés pour payer les Allemands ; les cinq autres serviront à indemniser les victimes de la guerre et de l'invasion.

A cet effet, l'Etat créera pour 10 milliards de bons terriens qu'il remettra à tous les propriétaires et dont les noms sont inscrits sur les rôles des contribuables.

Ces bons terriens, délivrés aux propriétaires sur l'hypothèque de 10 p. 100 sur leurs propriétés, deviendront, à coup sûr, une valeur de premier ordre ; car cette valeur, reposant sur la France entière, serait meilleure que l'or et l'argent, meilleure que les billets de banque, meilleure enfin que le papier revêtu des signatures des plus riches banquiers. Cette valeur aura alors, comme les billets de banque, cours forcé.

Ces dix milliards versés aux propriétaires ne gêneront en rien la location ni l'exploitation des propriétés. Ils mettront, au contraire, les propriétaires à même de les améliorer et d'en augmenter ainsi la valeur.

Ce prêt, fait, pour ainsi dire, par l'Etat aux propriétaires, portera intérêt à 2 p. 100 ; ce sera donc pour l'Etat un nou vel impôt de 200 millions, supporté par des propriétaires possédant 100 milliards et auxquels on aura remis 10 milliards de papier de tout repos ayant cours forcé.

Alors, le Chef de l'Etat proposera au pays de contracter un emprunt de 5 milliards pour payer l'indemnité de guerre. Il exposera que si cet emprunt est fait à l'étranger, il coûtera 6 à 7 p. 100 d'intérêt l'an ; que si l'étranger nous prête, ce n'est pas à cause de notre numéraire, puisqu'il nous fait défaut, mais bien parce que nous possédons 100 milliards de terres et de maisons bâties ; que si c'est notre sol qui nous donne du crédit, pourquoi alors aller emprunter à de bien moins riches que nous, et qu'enfin, en nous servant de notre sol, qui est une féconde Californie, nous paierons nos dettes et nous n'aurons emprunté à personne.

Pour cet emprunt de 5 milliards dont le taux sera fixé à 4 p. 0/0, il sera fait appel aux propriétaires qui auront reçu quelques jours auparavant 10 milliards, à raison de 2 p. 100. Evidemment, ces propriétaires ne manqueront pas une aussi avantageuse occasion de placement, puisque, sans bourse délier, ils augmenteront leurs revenus de 2 p. 100.

Cet emprunt, promptement réalisé, grâce à cette combinaison, notre Ministre des finances pourra partir pour Berlin.

Il exposera à l'empereur Guillaume et au prince de Bismarck que la France a eu le malheur d'être gouvernée par un grand coupable, appelé Napoléon III, sous le règne duquel la corruption et la dilapidation allèrent jusqu'aux dernières limites ; que son plébiscite, recommandant au peuple de voter *oui* pour avoir la paix et la prospérité, n'était que mensonge, fourberie et ambition, puisque les conséquences de ce plébiscite ont été de jeter la France sur le bord d'un abîme et que la nation française, qui ne voulait pas la guerre, s'empressa de voter *oui*.

La déclaration de guerre à l'Allemagne n'est donc point le fait du peuple français, mais bien l'œuvre de Napoléon et de ses complices, qui furent assez téméraires, alors qu'ils n'étaient pas prêts, de déclarer la guerre à la Prusse.

La France, hélas ! bien qu'innocente, paye aujoud'hui bien cher cet acte de folie et de témérité. Réduite à l'impuissance, elle fut obligée, dans l'intérêt de l'humanité, de signer une paix désastreuse, abandonnant deux de ses plus belles provinces et s'engageant, en outre, à payer en numéraire cinq milliads d'idemnité de guerre !

Cette indemnité est assurément une charge écrasante, injuste même à l'égard du peuple français, puis qu'il ne voulait pas la guerre; néanmoins, je suis chargé de vous confirmer, en face de l'Europe étonnée de nos désastres, cette dette de cinq milliards. La France, malgré ses revers et ses ruines, payera jusqu'au dernier centime. Seulement, je viens vous déclarer que, malgré tout son désir et sa bonne volonté, il lui sera impossible de payer cette somme de cinq milliards en numéraire, par la raison que le numéraire de la France n'atteint pas ce chiffre.

L'empereur Guillaume et le prince de Bismarck, peu satisfaits, sans doute, de cette déclaration, répondront que si la France ne remplit pas les conditions du traité, ils donneront des ordres pour que les armées allemandes réoccupent autant de départemeuts français qu'il en faut pour atteindre, par la valeur territoriale, le chiffre de cinq milliards.

Le ministre des finances, après avoir vainement cherché à obtenir des conditions plus douces pour cette malheureuse

France, que la force majeure empêche de remplir ses engagements à la lettre, prendra néanmoins acte de la déclaration de l'empereur d'Allemagne et du prince de Bismarck, de prendre cinq milliards du sol français, comme garantie, et ne laissera pas lever la séance sans accepter cette proposition.

Après les signatures du nouveau traité échangées, il remettra immédiatement les cinq milliards de bons terriens en disant : « Vous voyez, Messieurs, que la France tient à « ses engagements ; elle a, à cet effet, mobilisé son sol, « montant à cent milliards, pour une somme de dix « milliards, dont les cinq milliards que je vous remets font « partie. Par ce moyen, la France vous donne plus de « garantie que vous n'en voulez, puisqu'au lieu d'avoir, « d'après votre déclaration en nous envahisant, de nou- « veau, pour cinq milliards de notre sol français, vous « avez, par nos bons terriens, la France entière pour « garantie. »

Il est hors de doute, qu'après réflexions faites, l'empereur Guillaume et le prince de Bismarck accepteront en paiement ces bons terriens, lesquels deviendront la meilleure valeur du globe. La négociation en sera, alors des plus facile.

Les Allemands payés, il restera encore à indemniser les victimes de la guerre et de l'invasion. A cet effet, le gouvernement émettra un nouvel emprunt qui, évidemment, sera encore souscrit par les propriétaires, possesseurs des cinq autres milliards, lesquels distribués aux victimes de la guerre et de l'invasion, augmenteront d'autant le capital en numéraire existant et porteront à dix milliards les moyens d'action du pays.

Avec l'aide de ce capital, l'agriculture, l'industrie et le commerce prendront un nouvel essor, et, par suite, la production française s'accroîtra d'année en année, et permettra à la France de se livrer à des exportations considérables, seuls moyens de faire rentrer l'argent que nous avons donné et que nous donnons encore à pleines mains aux étrangers.

L'argent revenant, je ne dirai pas aussi vite qu'il est parti, mais enfin revenant successivement, on verra bientôt, au lieu de la ruine, reparaître la prospérité.

Le gouvernement républicain, contrairement aux gouvernements despotiques ou monarchiques, verra bientôt, par l'adoption des principes économiques, les coffres du trésor se remplir. Il sera bientôt en mesure d'opérer le remboursement d'une partie de l'emprunt des 10 milliards et fera ainsi disparaître de la même somme l'hypothèque de la propriété.

Voici ce qui arrivera :

Au fur et à mesure que les coffres du trésor s'empliront, le gouvernement fera racheter, sur la surface du globe, les bons terriens qu'il remettra aux propriétaires souscripteurs, lesquels, en les reportant à l'État pour avoir la main levée de l'hypothèque de leurs propriétés, en verront opérer la destruction séance tenante, ces bons terriens n'ayant plus raison d'exister, puisque leur garantie aura aussi disparu. On arrivera par ce moyen à la liquidation complète du sol.

Pour nous résumer, l'adoption de notre combinaison aura donné les résultats suivants :

1° Doté le pays de dix milliards de moyens d'action, meilleur que l'or et l'argent.

2° Permis de payer immédiatement l'indemnité de guerre aux Allemands.

3° Permis également d'accorder une indemnité de cinq milliards aux victimes de la guerre et de l'invasion. Ces cinq milliards restés dans le pays augmenteront d'autant le capital en numéraire, lequel, au lieu d'aller dans les coffres de l'étranger, comme cela a lieu en ce moment, sera, au contraire, resté dans le pays et élévera nos moyens d'action à dix milliards.

4° Facilité les emprunts de l'Etat qui aura pu les émettre à 2 p. 100, au lieu de 5, 6 et même 7 p. 100 qu'il aurait payé autrement.

5° Augmenté le revenu de tous les propriétaires fonciers de 200 millions tous les ans sans aucun déboursé.

6° Retiré le pays d'une position critique qui aurait pu le faire sombrer.

Roye, le 20 décembre 1871.

PAUL VÉRET.

Amiens. — Typographie Oscar Sorel, rue du Lycée, 73,

OUVRAGES DU MÊME AUTEUR

Adressés également en 1852 et 1853 aux **Représentants** de la France.

Plus de disette en France. — Moyens infaillibles de faire tout fleurir et prospérer, en évitant au pays une perte sèche de 150 à 200 millions sur les céréales tous les cinq à six ans.

Réponse à M. Delamarre, ou la condamnation du Crédit foncier.

Question matérielle. — Explication des causes qui ont fait augmenter de valeur le sol de la France depuis 1789.

De la conservation indéfinie des grains et de liquides sans manutention, détérioration et déchet.

Question morale. — Explication des **plaies sociales.**

Les Concours agricoles et leurs effets.

Le Progrès agricole et ses effets.

Question du Despotisme, de la Monarchie, et de la République.

Des Défrichements par l'armée des terres incultes de France (soit onze millions d'hectares).

La France régénérée par la transformation des Impôts, dotant le Pays de moyens d'action d'une **puissance** inconnue jusqu'alors.

Le véritable Crédit agricole.

Question matérielle de la Propriété.

Question financière.

Question judiciaire. La Justice gratuite et égalitaire.

SOUS PRESSE :

Ce que Napoléon III a fait pour tout perdre. — **Ce qu'il aurait dû faire pour tout sauver.**

Question religieuse, les Paroles d'un Croyant, le Catholicisme, le Protestantisme, la Liberté de Conscience, les libres Penseurs.

Prospérité ou Décadence d'une Nation.

Amiens. — Typographie Oscar SOREL.